GATO GARAB
COLORES

KUMQUAT

Queda hecho el depósito que previene la Ley 11.723

Edición y realización © 2006 Kumquat
Ilustraciones © 2006 Bamidele / Diseño Simplestudio

Primera edición / Impreso en Argentina en 4sobre4 srl.
Ediciones Kumquat, Buenos Aires, Argentina.
Email: kumquat@kumquat.com.ar - www.kumquatediciones.com
ISBN-10: 987-1234-11-2
ISBN-13: 978-987-1234-11-0

Longo, Alejandra
   Gato garabato 3 : colores / Alejandra Longo ; ilustrado por Bamidele
1a ed. - Buenos Aires : Kumquat, 2006.
   64 p. ; 20x20 cm. (Gato garabato)

   ISBN 987-1234-11-2

   1. Aprendizaje-Niños Pequeños. I. Bamidele, ilus. II. Título
   CDD 649.58

GATO GARABATO 3
COLORES

Alejandra Longo

Ilustrado por Bamidele
Diseño Andrés Sobrino

Diviértete, dibuja y pinta con tu imaginación.
Sólo te damos algunas pistas.

KUMQUAT

1

COLOREA LOS GATITOS: TRES NEGROS, DOS BLANCOS CON PINTAS NEGRAS Y DOS NEGROS CON MANCHAS BLANCAS.

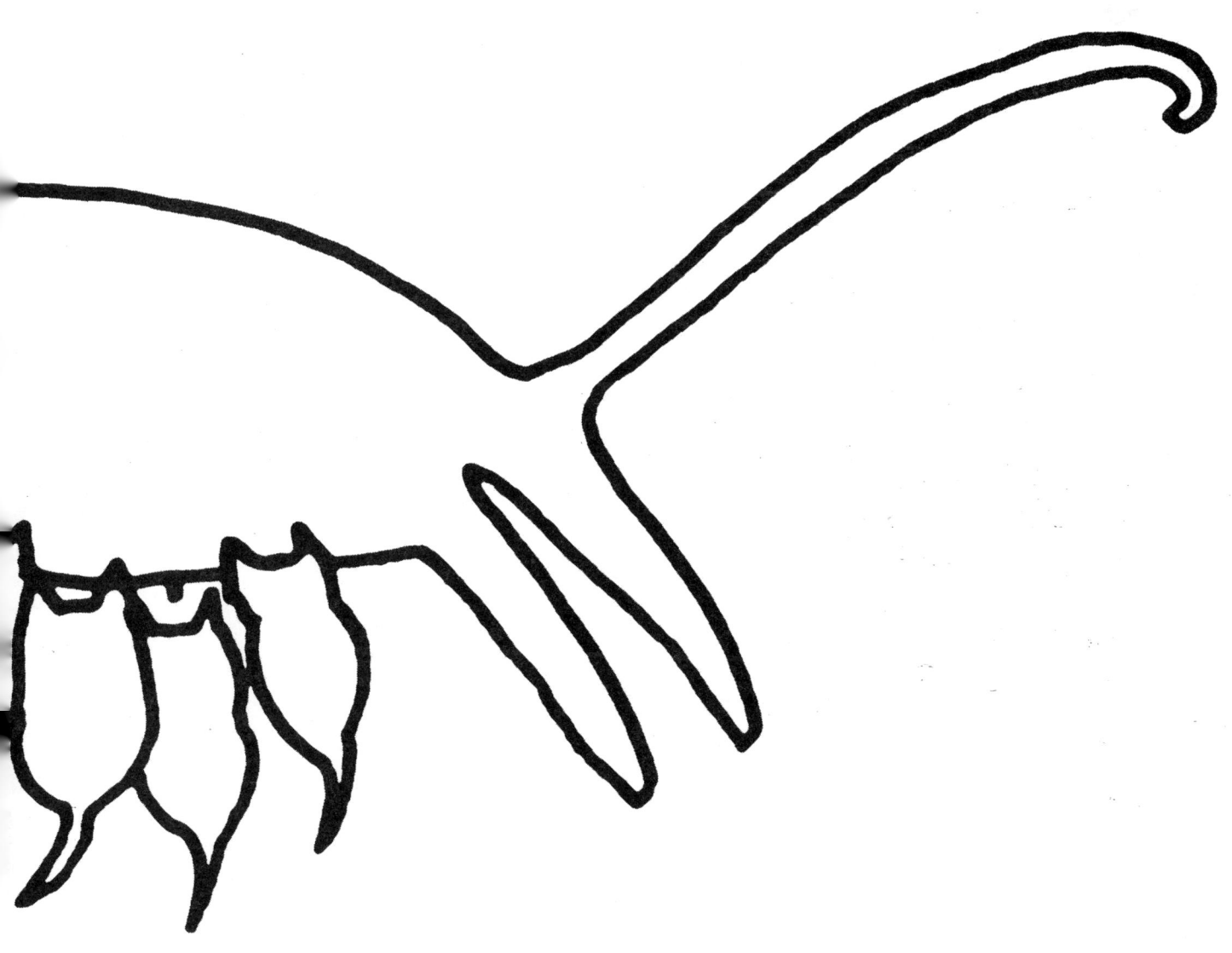

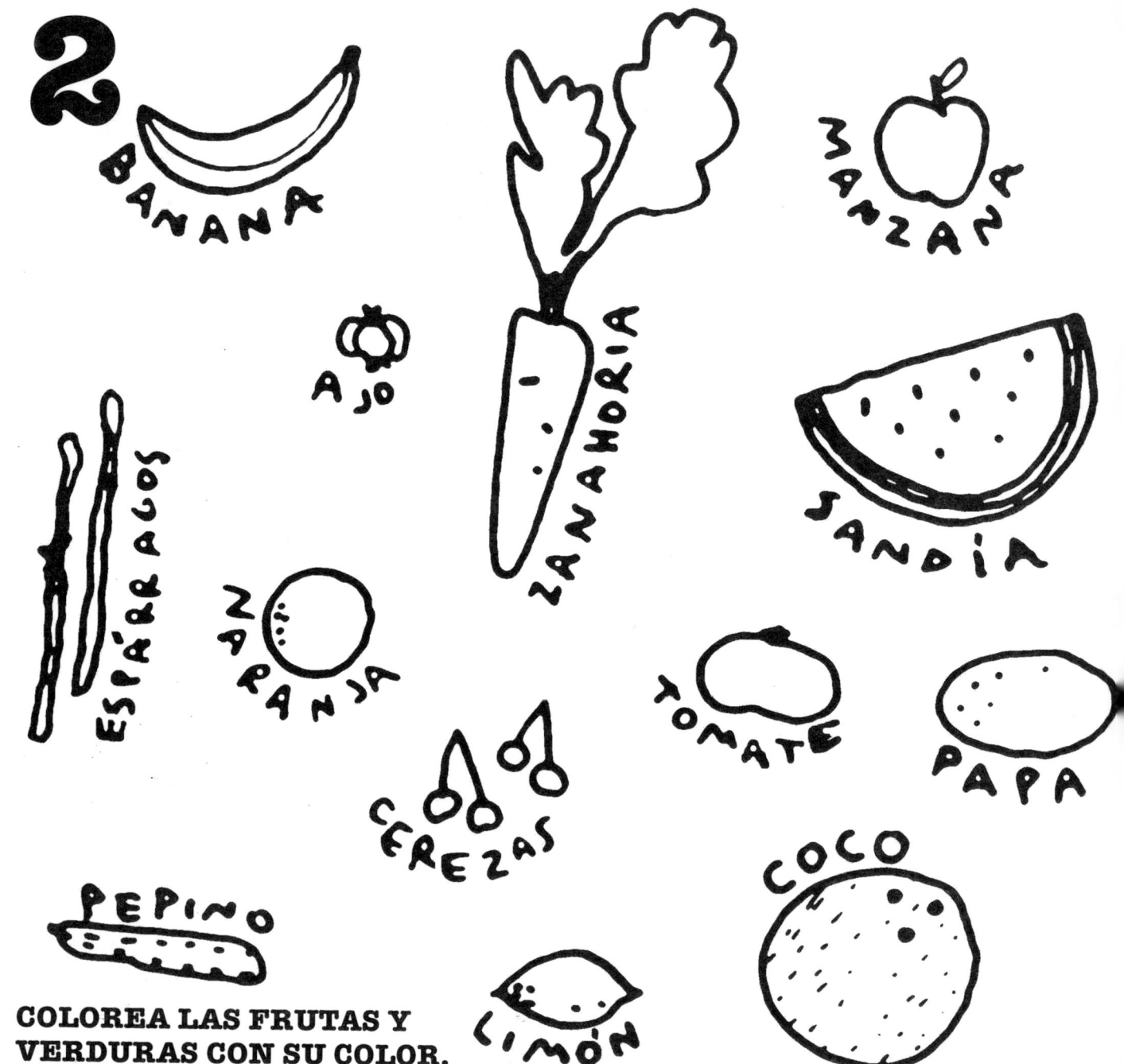

2

BANANA

MANZANA

AJO

ZANAHORIA

SANDÍA

ESPÁRRAGOS

NARANJA

TOMATE

PAPA

CEREZAS

COCO

PEPINO

LIMÓN

COLOREA LAS FRUTAS Y
VERDURAS CON SU COLOR.

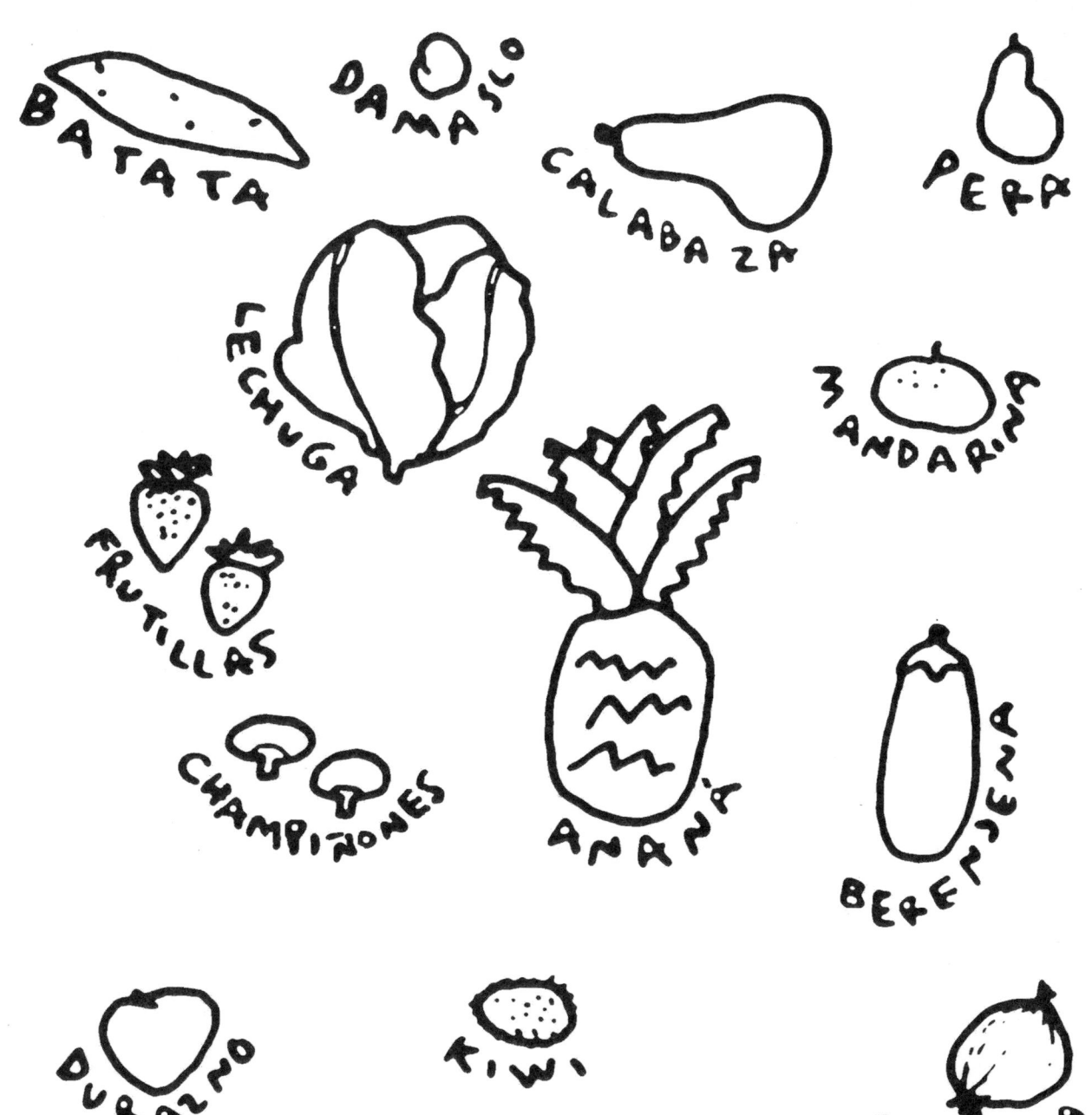

BATATA

DAMASCO

CALABAZA

PERA

LECHUGA

MANDARINA

FRUTILLAS

CHAMPIÑONES

ANANÁ

BERENJENA

DURAZNO

KIWI

CEBOLLA

3

COLOREA CADA AUTO DE UN COLOR DIFERENTE.

4

PINTA LOS PECES TROPICALES Y LOS PÁJAROS CON COLORES BRILLANTES.

5

HAY DOS RUBIOS, UN MORENO, UN PELIRROJO, UN CASTAÑO
Y UNO MUY MODERNO DE PELO VERDE O AZUL. TÚ ELIGES.

6

PINTA ROSAS ROJAS Y AMARILLAS.
DIBUJA EL FLORERO Y PÍNTALE RAYAS DE COLORES.

COLOREA SÓLO LOS ANIMALES DE GRANJA.

COLOREA SÓLO LOS ANIMALES DE LA SELVA.

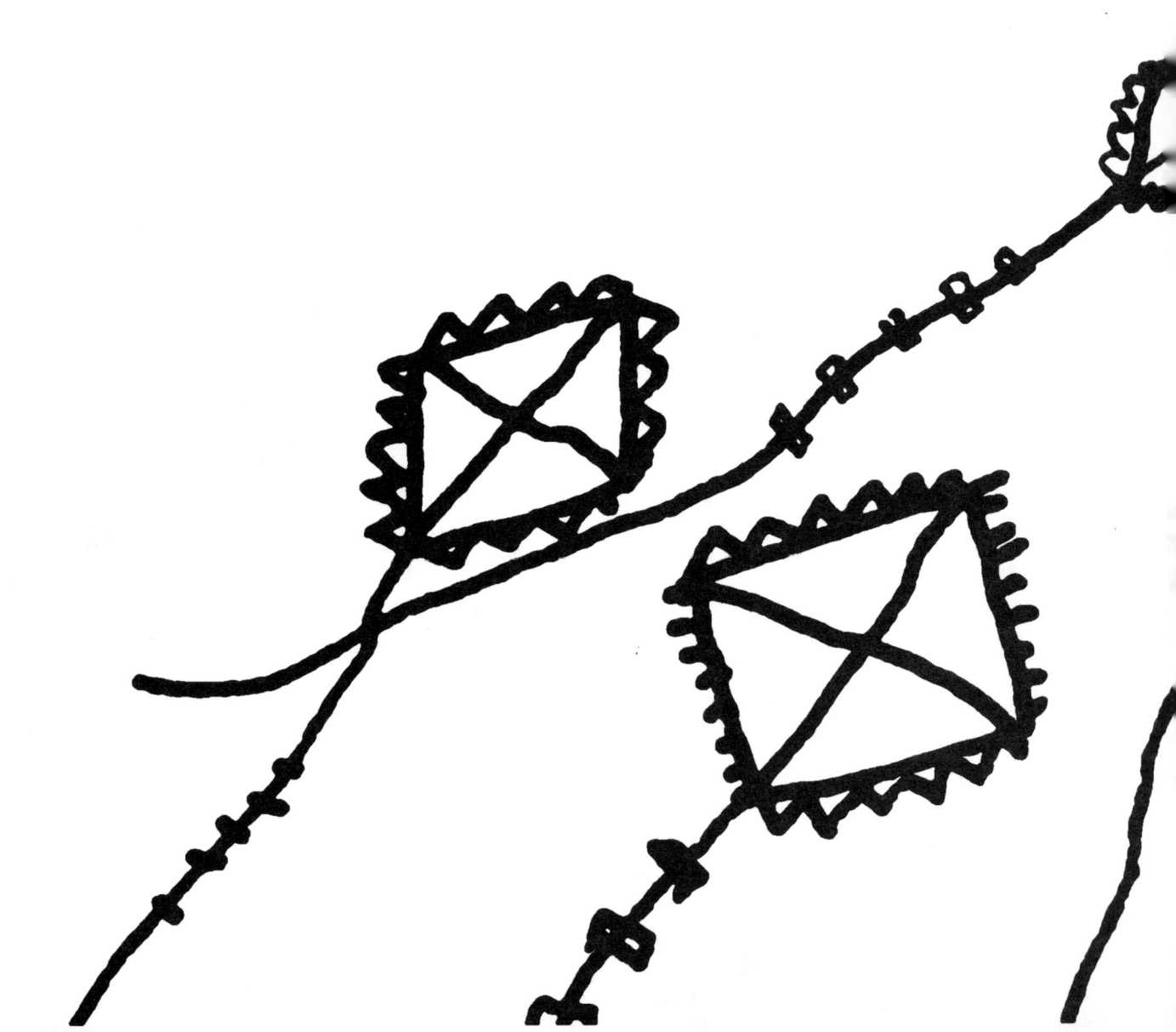

PINTA LOS BARRILETES CON LOS COLORES PRIMARIOS (AZUL, ROJO Y AMARILLO).

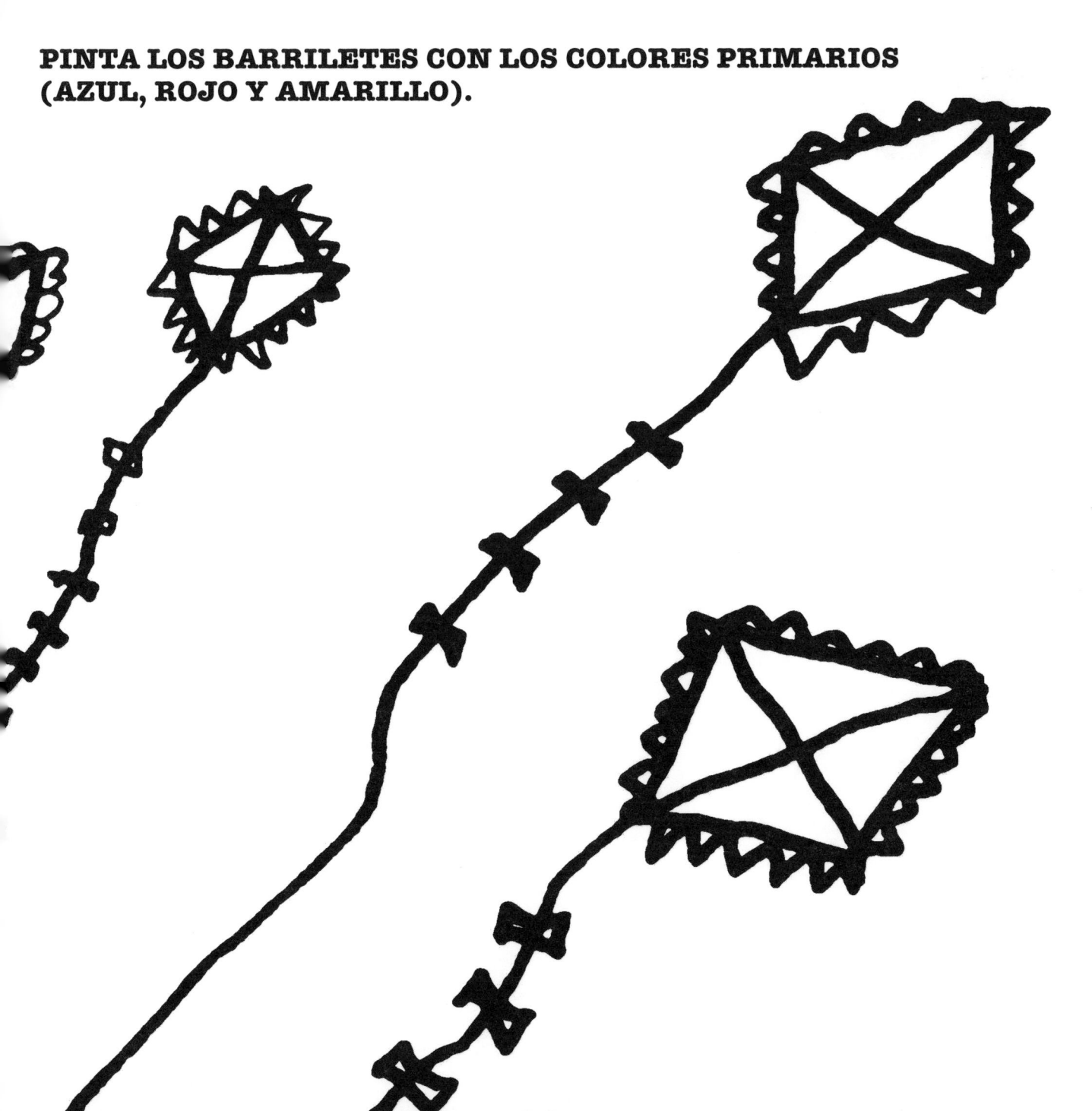

10

**PINTA LOS GATOS CON COLORES SECUNDARIOS
(VERDE, VIOLETA Y NARANJA).**

DIBÚJALE NARANJAS A UN ÁRBOL Y LIMONES AL OTRO.

12

COLOREA EL ARCO IRIS (ROJO, NARANJA, AMARILLO, VERDE, AZUL, ÍNDIGO Y VIOLETA).

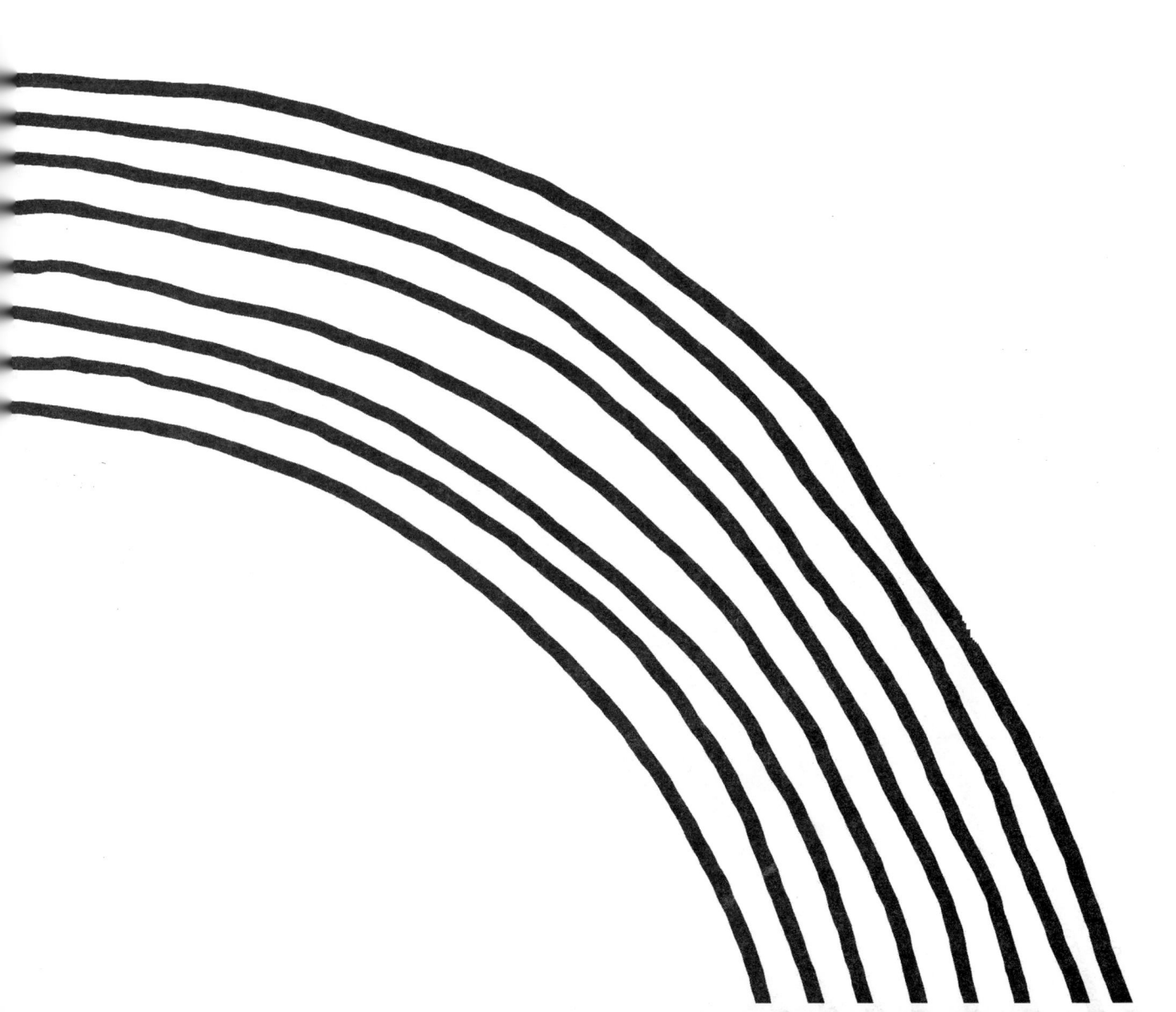

13

**COLOREA LA CARPA DE CIRCO Y EL PAYASO
CON LOS COLORES DEL ARCO IRIS.**

14

TERMINA DE DIBUJAR LAS ALAS DE LAS MARIPOSAS, Y PÍNTALAS CON COLORES FRÍOS (AZUL, VERDE Y VIOLETA).

15

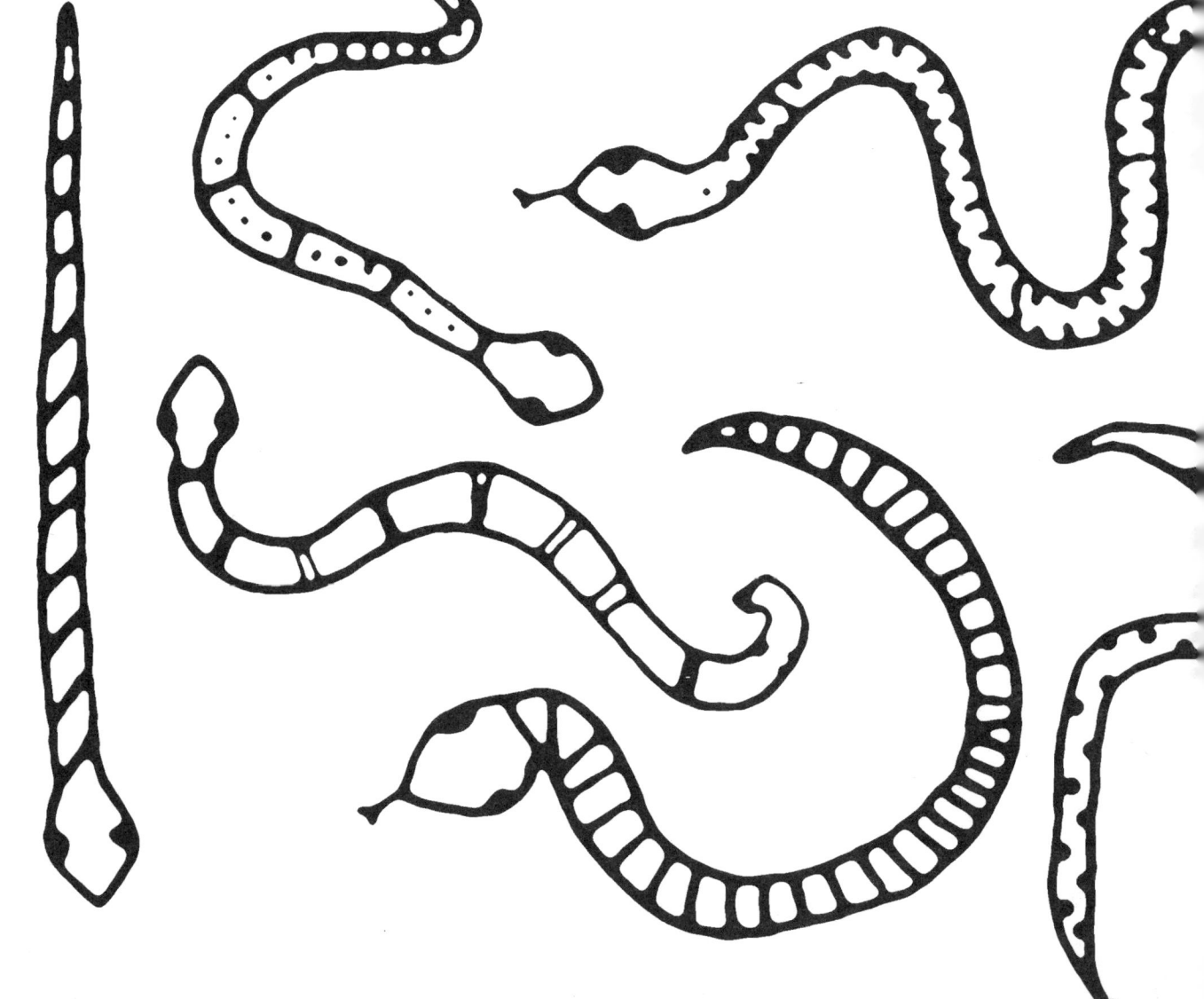

PINTA LAS VÍBORAS CON COLORES CÁLIDOS (AMARILLO, ROJO Y NARANJA).

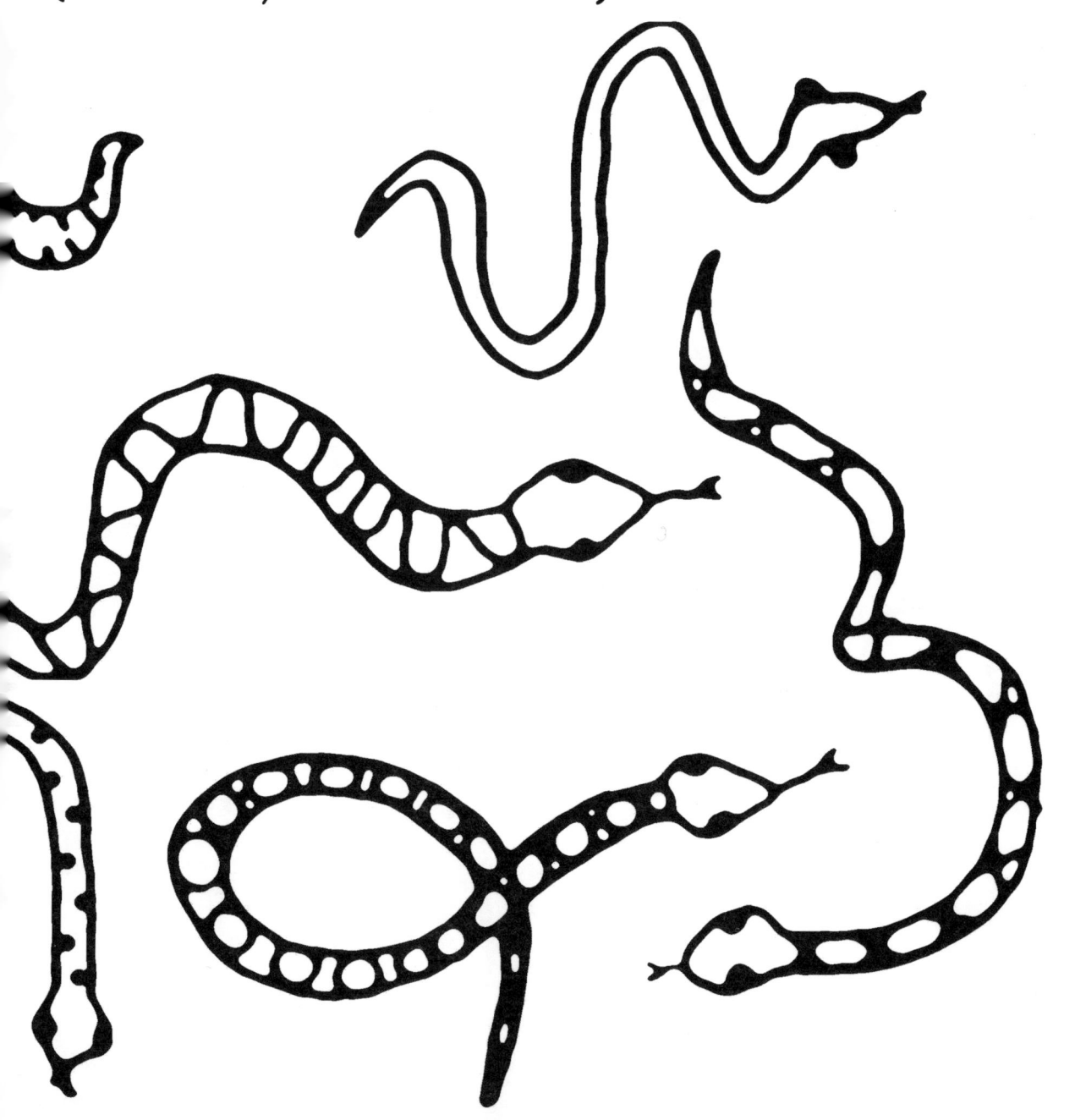

PINTA LOS CUADRADITOS DE MÚLTIPLES COLORES.

17

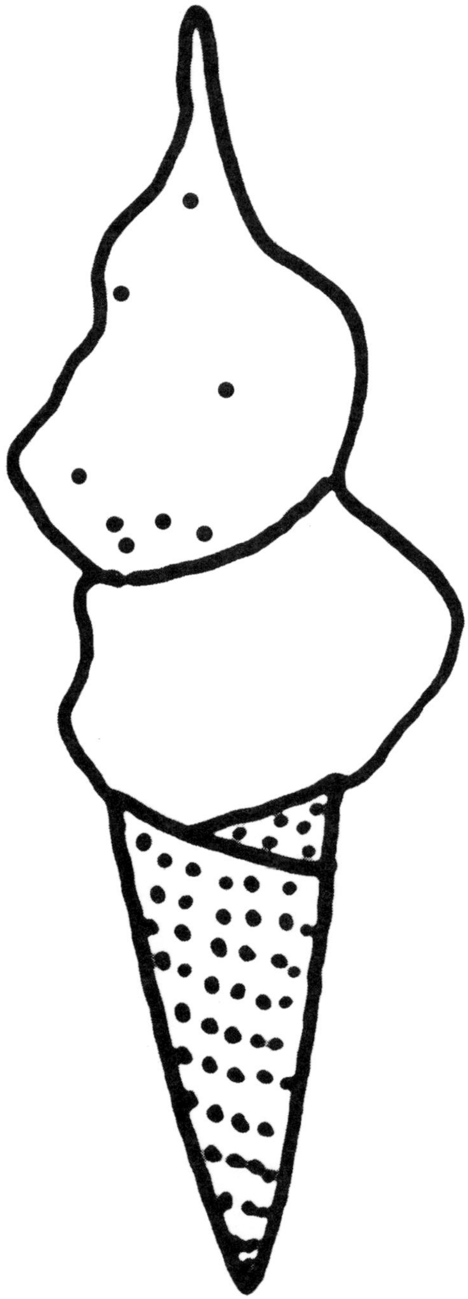

**PINTA UN HELADO DE CHOCOLATE Y FRUTILLA,
OTRO DE VAINILLA Y PISTACHO.
PUEDES DIBUJAR MÁS DE OTROS GUSTOS.**

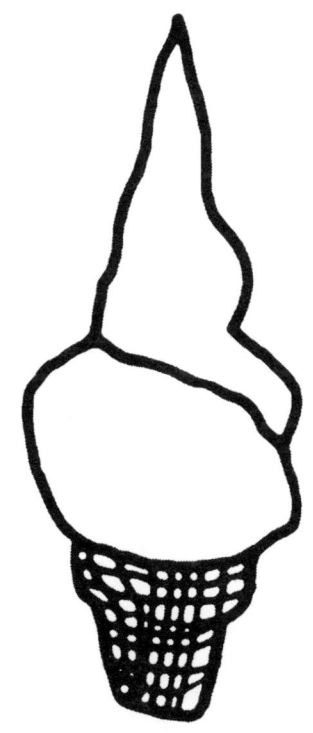

18

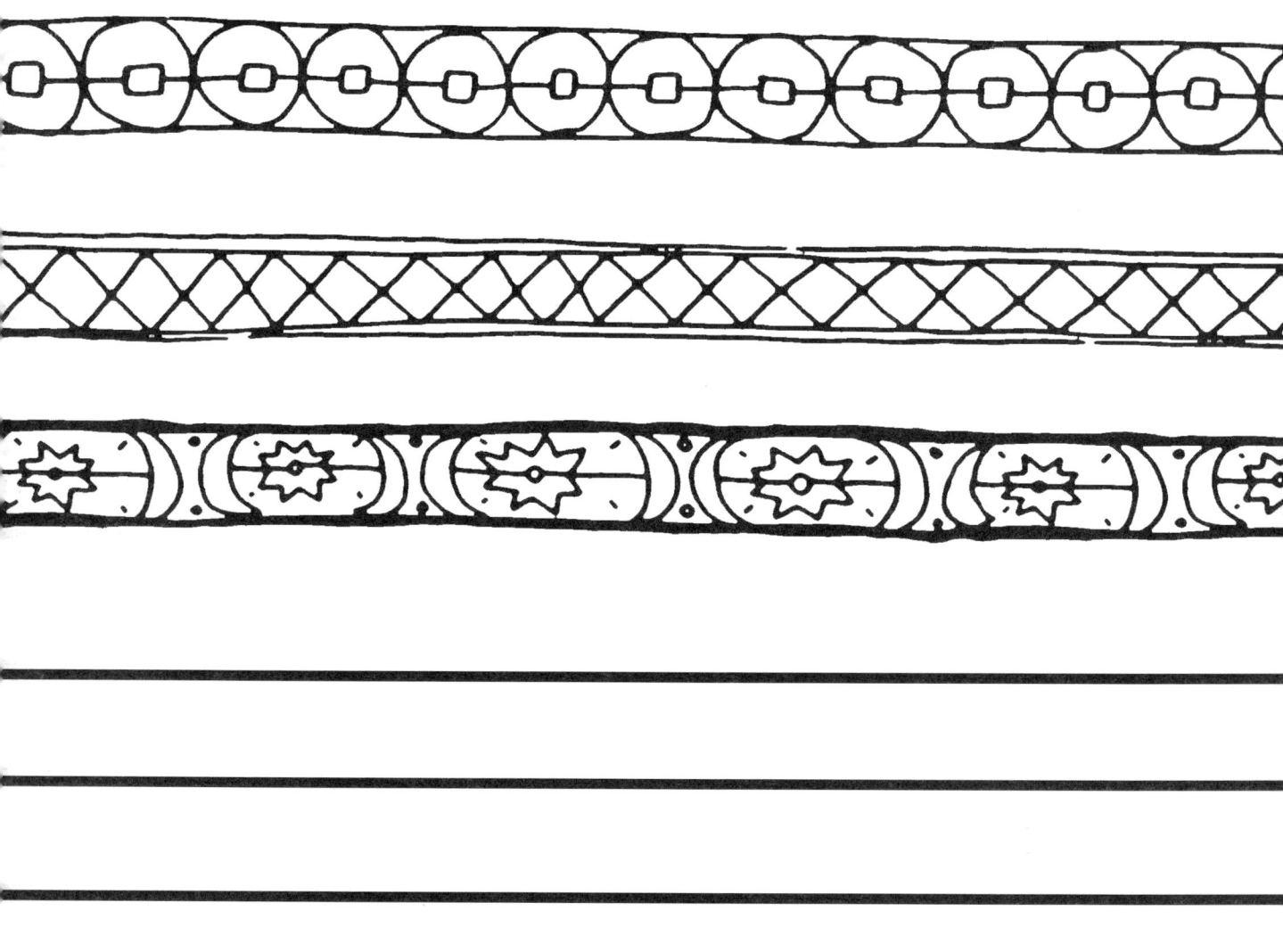

**PINTA LAS GUARDAS
CON MUCHOS COLORES
E INVENTA DOS MÁS.**

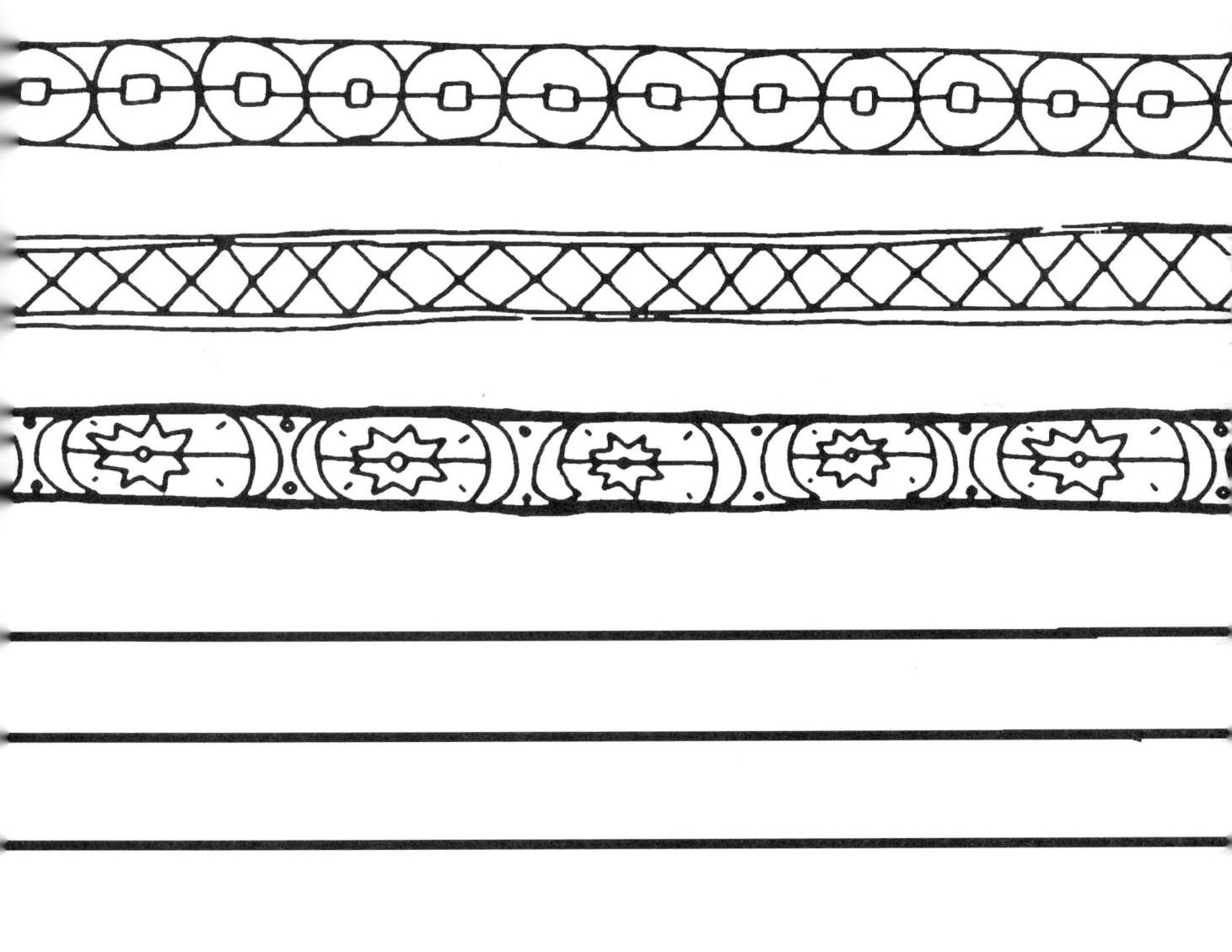

PINTA ESTOS OBJETOS DE ROJO.

PINTA ESTOS OBJETOS DE AMARILLO.

21

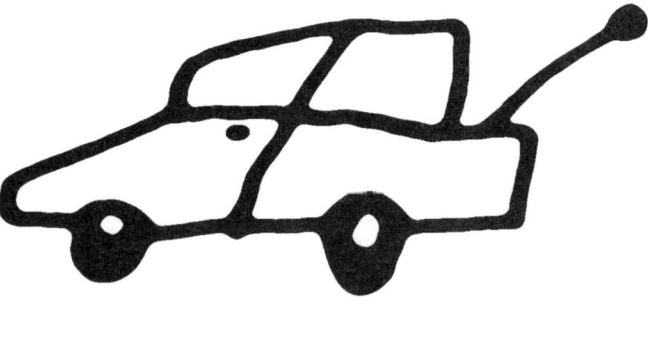
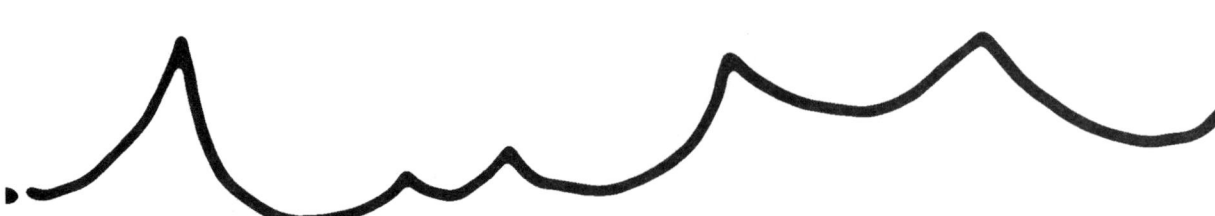

PINTA ESTOS OBJETOS DE VERDE.

PINTA ESTOS OBJETOS DE NARANJA.

PINTA EL FONDO DE UN COLOR
PARA QUE LOS OBJETOS QUEDEN BLANCOS.

23

COLOREA LAS REMERAS A ESTOS DOS EQUIPOS.

24

COLOREA LOS VESTIDOS DE LAS NIÑAS.

DIBUJA MÁS JUGUETES EN EL ESTANTE DE ARRIBA Y PÍNTALOS EN COLORES PASTELES.

COLOREA LOS TELEVISORES Y DIBUJA ALGO EN SUS PANTALLAS.

27

FOTOS DE VIAJE

VIAJE A LA MONTAÑA

DESDE EL AVIÓN

EN UN BOSQUE

EN EL LAGO

UN PEZ QUE PESQUÉ

DIBUJA LAS FOTOS DEL ÁLBUM DE VIAJE Y COLORÉALAS.

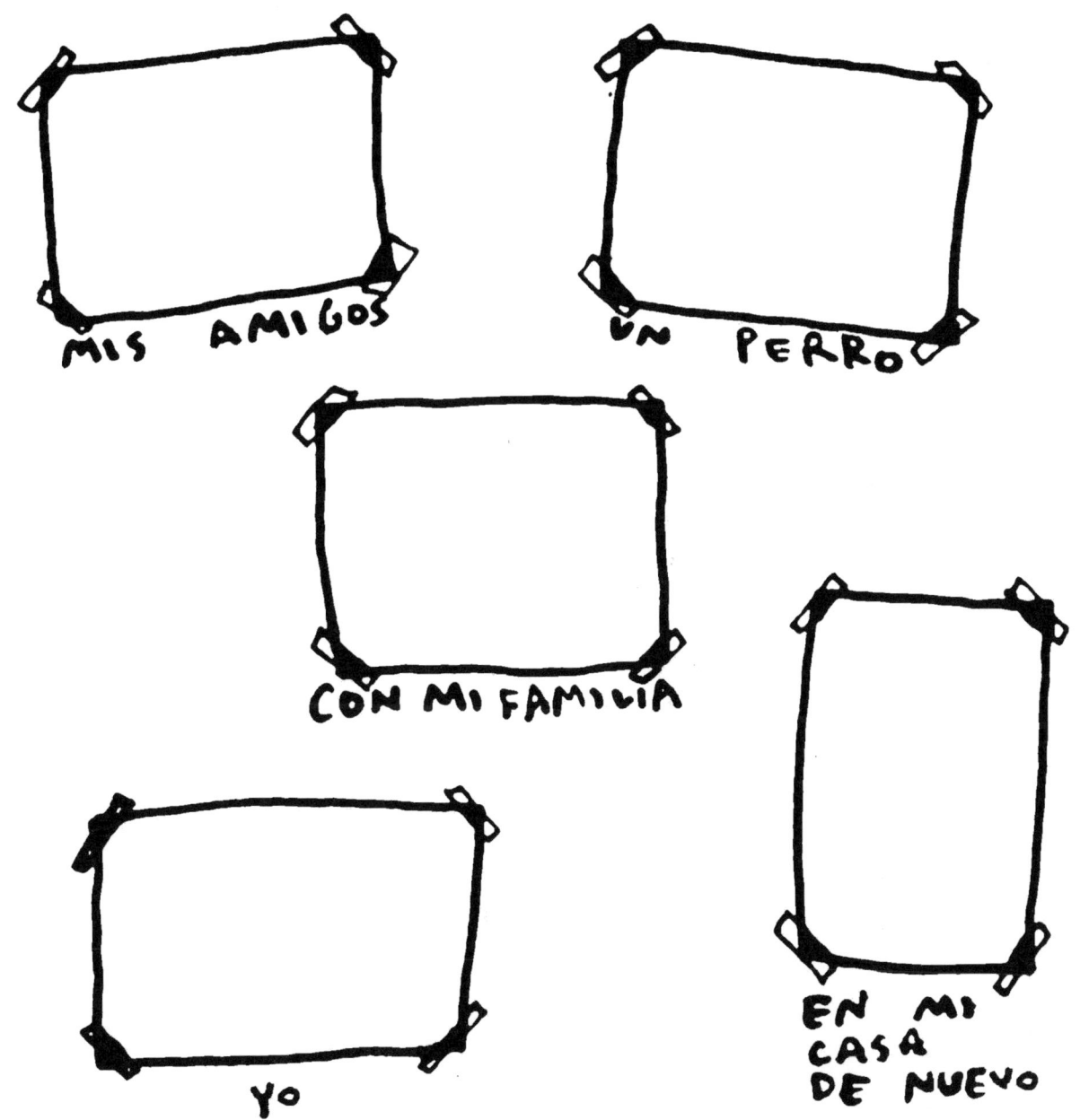

**MIRA DE QUÉ COLOR SON ESTAS COSAS
EN TU CASA Y PÍNTALAS IGUAL.**

29

PINTA LA ROPA.

30

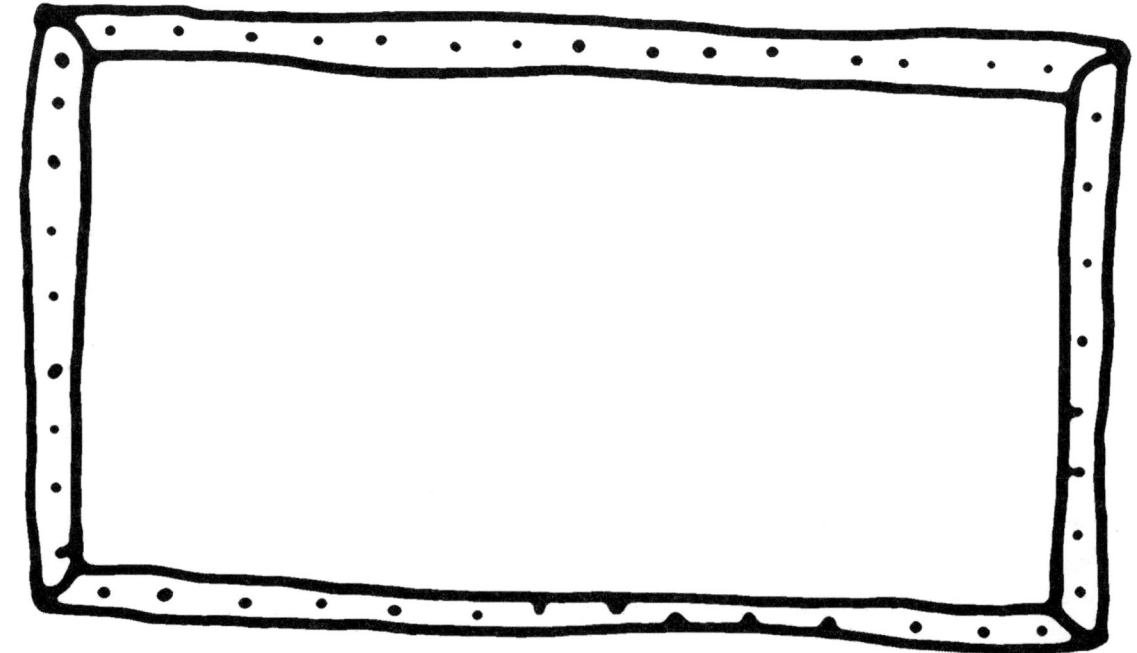

PINTA TUS PROPIOS CUADROS UTILIZANDO MUCHOS COLORES.